L'ENSEIGNEMENT CHRÉTIEN

DANS LA

VILLE DE LAON

LE PASSÉ & L'AVENIR

LAON

Imprimerie du *Journal de l'Aisne*, 22, rue Sérurier

1905

L'ENSEIGNEMENT CHRÉTIEN

DANS LA

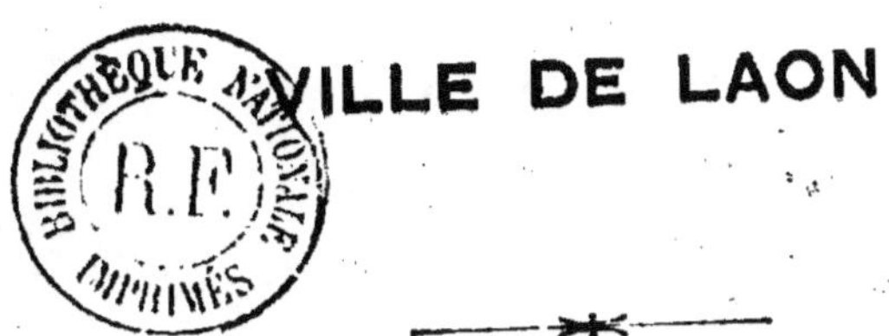

VILLE DE LAON

LE PASSÉ & L'AVENIR

LAON

Imprimerie du *Journal de l'Aisne*, 22, rue Sérurier

1905

L'ENSEIGNEMENT CHRÉTIEN

DANS LA

VILLE DE LAON

LE PASSÉ.

Vers la mi-juillet 1905, pendant que la gendarmerie recherchait dans toutes les gares avoisinantes le Président de la Société du Val-des-Écoliers, à l'effet de lui notifier la décision prise par le Ministre de l'Intérieur, le Cher Frère Directeur de l'École chrétienne de Laon recevait l'Arrêté ministériel prescrivant la fermeture de notre École libre, dans un délai fixé au 1er septembre 1905.

La mise en demeure — c'est ainsi que cela s'appelle — était signée Eug. Étienne, contre-signée P. Magny, sous-directeur des Cultes et Henry Goulley, préfet de l'Aisne. Il serait superflu de récriminer contre cette mesure administrative, qui n'est que l'application de la loi du 7 juillet 1904, dont l'article 1er *interdit aux Congrégations l'enseignement de tout ordre et de toute nature*. Qu'il nous soit néanmoins permis de faire observer qu'aux termes même de cette loi néfaste à tout point de vue, M. le Ministre aurait pu attendre neuf ans encore, avant de frapper les familles laonnoises qui, malgré tout, espéraient en la liberté.

Disons-le, à la décharge de ceux qui ont concouru, de quelque façon que ce soit, à l'expulsion des Frères, aucun de ces Messieurs ne se doutait des longs services rendus à la ville de Laon, par les pieux instituteurs que nous avons perdus.

L'établissement des Frères à Laon est dû au zèle de M. Guiart, curé de St-Pierre-le-Vieil (1), paroisse aujourd'hui englobée dans celle de St-Martin, et remonte à l'époque même de la création de l'Institut des Frères des Écoles chrétiennes, par Saint Jean-Baptiste de la Salle, Chanoine de Reims.

Nous sommes heureux de pouvoir mettre sous les yeux de nos lecteurs la liste des Directeurs, qui se sont succédés dans l'œuvre si utile de l'instruction et de l'éducation des enfants de la classe laborieuse.

Les deux premiers maîtres envoyés à Laon par le saint fondateur, pour continuer l'œuvre entreprise par M. Niay, se distinguèrent, l'un par sa sainteté, et l'autre par l'habileté avec laquelle il s'acquitta des missions difficiles, dont Saint Jean-Baptiste de la Salle l'avait chargé. Lequel des deux fut le Directeur ? Nous ne pouvons le dire ; c'est pourquoi nous unissons leurs noms dans la même accolade.

Nicolas Bourlette,
Gabriel Drolin, } 1685-1686.

Frère Joseph, 1686-1694 (2).
— Jean-Baptiste, 1694-1696.
— Gabriel, 1696-1698.
— Jean, 1698-1699.
— Jean-François, 1699-1701.
— Antoine, 1701-1702.
— Ponce, 1702-1703.

---

(1) L'église de cette paroisse, transformée en magasins de grains, existe encore. C'est le bâtiment qui fait angle entre la rue Devisme et la rue des Frères.

(2) Mourut à Laon en odeur de sainteté comme Bourlette. Jusqu'à la Révolution française, on se pressait autour de sa tombe, au cimetière de St-Pierre-le-Vieil, pour en obtenir des miracles. L'emplacement de ce cimetière est aujourd'hui occupé par les ateliers de M. Prudhommeaux,

Frère Vincent, 1703-1704.
— Louis, 1704-1706.
— Hubert, 1706-1707.
— Jean-François, 1707-1710 (1).
— Jean-Baptiste, 1710-1713.
— Romain, 1713-1714.
— André, 1713-1723.
— Barthélemy, 1723-1729.
— Simon, 1729-1732.
— Exupère, 1732-....
— Jean de la Croix, ... -.... (2).
— Exupère, 1736-1738 (3).
— Antonin, 1738-1752.
— Jean de la Croix, 1752-1759 (4).
— Winocq, 1759-1765 (5).
— Omer, 1765-1767.
— Silas, 1767-.... (6).
— Leufroy, 1789-1810.
— Arnould, 1810-1813.
— Joseph, 1813-1817.
— Antoine, 1817-1821.
— Chrysologue, 1821-1824.
— Abilé, 1824-1838.
— Fructueux, 1828-1832.

---

(1) Le même que plus haut, renvoyé à Laon

(2) Les dates ici nous font défaut ; nous savons seulement que ce frère devint procureur général de l'Institut, après avoir dirigé pendant dix ans les Écoles chrétiennes de Laon

(3) Le même que plus haut.

(4) C'est le deuxième du même nom.

(5) Très habile dessinateur et architecte, souvent employé à ce dernier titre, par la Ville qui finit par le détacher de sa Communauté.

(6) Les dates nous manquent encore, mais nous savons que la direction appartenait, en 1789, au Frère Leufroy.

Frère Andoche, 1832-1833.
— Sancien, 1833-1834.
— Bérard, 1834-1834.
— Ladislas, 1834-1838.
— Papias, 1838-1840.
— Fructueux, 1840-..... (1).
— Appolone.
— Sanloux.
— Cléonicus.
— François.
— Arsène.
— Ignace.
— Arnould.
— Valbert, ...-1904.
— Euthyme, 1904-1905.

Disons-le de suite à l'honneur de l'édilité laonnoise, les Frères des Écoles chrétiennes, soit comme instituteurs libres, soit comme instituteurs publics, furent subventionnés par la Ville, sous une forme ou sous une autre, dès leurs débuts à Laon, jusqu'en 1887, date fatale de l'application de la fameuse loi Ferry, qui ouvrit en France l'ère de la laïcisation à outrance.

A cette époque, le Conseil municipal ayant décidé la laïcisation de l'école communale des garçons, M. Baton, Curé-Archiprêtre et M. Ply, Curé de St-Martin, prirent, avec un zèle qui ne fut pas toujours également apprécié ni soutenu, les mesures nécessaires pour conserver à la ville de Laon qui, des premières, avait joui des bienfaits de l'institution de J.-Bte de la Salle, une école, où se perpétuerait, sous l'égide de la liberté qui existait encore, l'enseignement

---

(1) Envoyé à Laon, pour la seconde fois, afin de résoudre plusieurs difficultés soulevées à propos de la gratuité de l'enseignement. A partir de 1840, les dates sont trop incertaines pour être reproduites.

religieux des Frères des Écoles chrétiennes. Grâce à l'initiative des deux Curés de la Ville, une société civile fut fondée sous le titre de Société du Val-des-Écoliers, dans le but de fournir à tous les besoins de la nouvelle école. C'est, pour celui qui écrit ces lignes, un devoir de signaler à la reconnaissance des Frères et de leurs élèves le nom des premiers fondateurs de l'œuvre, dont plusieurs hélas ! ont disparu.

A MM. Baton et Ply s'adjoignirent donc généreusement : MM. Léon Lemaire, ancien administrateur des Contributions indirectes, officier de la Légion d'honneur, Jules Dufrénoy, ancien notaire, Michel de Grilleau, avocat, Jules Pasquier, ancien notaire, député, A. Cortilliot, rédacteur en chef du *Journal de l'Aisne*, Hécart, libraire, l'abbé Joly, curé d'Ardon, et Henry Hurier, propriétaire à Crécy-sur-Serre.

Au 1ᵉʳ janvier 1888, les Frères quittaient l'établissement communal, converti aujourd'hui en musée, pour entrer dans l'ancienne maison Routier, achetée et appropriée à sa nouvelle destination par la Société du Val-des-Écoliers. Elle avait admis les Frères de l'École communale à se succéder à eux-mêmes, dans l'instruction des enfants de Laon et naturellement le plus grand nombre des élèves des Frères suivit les Frères. Mais, peu de temps après, des ordres furent donnés qui, forçant tous les dépendants — et dans une ville de fonctionnaires, ils sont nombreux — à envoyer leurs enfants à la *laïque*, diminuèrent quelque peu le nombre des élèves de l'école libre.

La Société du Val-des-Écoliers avait adjoint aux classes gratuites un externat d'élèves payants, et jusqu'à la fin de l'année scolaire 1904-1905, cette annexe fut l'objet des préférences des familles aisées et chrétiennes de la ville et des environs.

D'un trait de plume, ce beau passé et l'avenir qui se présentait rempli d'espérance furent supprimés. Du moins on pouvait le craindre, d'un côté, et l'espérer, d'autre part. Mais il n'en sera rien.

Dès que le décret du 8 juillet 1905, qui frappait son école, fut connu, la Société du Val-des-Écoliers se réunit, à l'effet d'assurer l'avenir, au point de vue de l'éducation chrétienne des jeunes laonnois. La première et principale question à résoudre était celle-ci : Faut-il continuer l'œuvre ? Quant au maintien des chers Frères, il n'y fallait pas songer. Comme le disait l'un des survivants de la famille de leur fondateur, M. le duc de la Salle de la Rochemaure, à la distribution des prix du pensionnat de Passy, les Frères des Écoles chrétiennes « sont manifestement accusés, convaincus d'inspirer à la « jeunesse française l'amour du Christ, l'amour de l'Église, « de l'imprégner avant tout et par dessus tout de la doctrine « et de la morale du divin Crucifié. On ne veut plus du « Christ, comment souffrirait-on ses disciples ?... »

On aurait pu obtenir, peut-être, un sursis, et conserver quelque temps les Frères à la ville de Laon. Mais c'était vouer l'œuvre à l'incertitude du lendemain et à l'inquiétude de tous les instants.

Au reste, leurs supérieurs déjà disposaient de nos chers maîtres en faveur de la Colombie, dont le gouvernement, quoique républicain non-seulement les accueille mais les appelle, en pensant, au contraire de nos législateurs, qu'on peut-être à la fois congréganiste et bon instituteur. A l'unanimité, donc, le comité résolut de maintenir son école chrétienne, coûte que coûte, avec une direction nouvelle et des maîtres nouveaux, libres de tout lien congréganiste et portant l'habit laïc, et, sous cet habit, une âme dévouée à la religion et à la morale évangéliques. Quant aux frais que cette transformation devra entraîner la Providence est là, s'est-on dit, et pour servir ses desseins, la générosité de tous les bons cœurs qui ne se comptent pas dans la ville de Laon.

On agita, dans la même séance, la question de savoir si, malgré les tristesses de la séparation, on ferait une distribution de Prix, et chacun opta pour l'affirmative. La Distribution fut donc annoncée et elle eut lieu, le 6 août dernier, avec toute la solennité que comportaient les circonstances. Nous en empruntons le compte-rendu à l'excellent *Journal de l'Aisne*, dont le directeur a toujours donné à l'œuvre un concours qui ne saurait être trop apprécié.

CHEZ LES FRÈRES.

Hier, vers 4 heures 1/2 du soir, il a été procédé dans la grande salle du Pavillon des Œuvres, et pour la dernière fois, — au moins tant que les jacobins seront les maîtres du pouvoir et exerceront impunément leur odieuse et despotique tyrannie — la distribution des prix aux élèves des Frères des Écoles chrétiennes.

Cette cérémonie, toujours si attrayante et si courue, n'a pas eu, cette fois, l'éclat et l'entrain des années précédentes, et cela tient à ce que, personne dans les tristes conjectures présentes n'ayant le cœur à la joie, tout le programme de divertissements artistiques qui d'habitude accompagnait la distribution des prix et rompait agréablement la monotomie de la lecture du palmarès, avait été supprimé.

A notre entrée dans la salle, nous apercevons se détachant sur des tentures blanches qui forment le fond de la scène, deux pancartes noires sur lesquelles s'enlèvent vigoureusement ces deux chiffres tracés en gros caractères 1682-1905 ; 1682 date de la fondation du premier établissement des Frères à Laon, 1905 date fatale à laquelle ils ont été chassés de leur maison et ont été mis dans l'obligation de s'expatrier pour avoir commis le crime impardonnable d'avoir été des éducateurs de premier ordre et, par suite, d'avoir formé des hommes qui, quelque position sociale qu'ils aient embrassée, ont fait honneur à leurs maîtres et à leurs impeccables méthodes d'enseignement.

C'est ce qu'à traduit éloquemment M. le chanoine Marlier, curé-archiprêtre de la cathédrale, qui présidait la cérémonie, dans le beau discours qu'il a prononcé au début de la réunion et que nous avons le plaisir de reproduire ci-dessous :

Monseigneur (1),

Mes chers Confrères,

Mesdames et Messieurs,

Cette fête de la distribution des prix de notre École libre, au lieu d'être uniquement un jour de joie, est en même temps un jour de deuil Chacun va s'empresser de couronner les jeunes lauréats du travail scolaire de l'année, alors que vient d'être arrachée du front de nos chers Frères la couronne de l'Enseignement congréganiste qu'ils ont donné dans la ville de Laon, eux et leurs prédécesseurs, depuis 220 ans !... Le Thabor, ou Jésus-Christ se transfigura dans les rayonnements de sa beauté divine, n'était pas loin du Calvaire ou sa Divinité se voila dans les affres de la mort. Mais si Jésus Christ meurt, il ressuscite : c'est l'histoire de l'Église dans le passé et dans l'avenir. Pour nous empêcher de nous endormir sur nos succès, Dieu veut que son œuvre divine sur la terre soit un perpétuel recommencement. C'est ainsi qu'Il montre notre faiblesse humaine et sa puissance divine, par conséquent l'éternelle vitalité de l'Église catholique qui demeure et demeurera toujours, malgré ses défaites apparentes, malgré les défaillances de quelques-uns de ses enfants, malgré les victoires bruyantes et vaines de ses ennemis. Il y aura bientôt 1900 ans qu'on a scellé le tombeau du Christ... Le Christ en est sorti vainqueur de la mort ; il vit, il règne, il commande encore et commandera toujours... Mais depuis lors que de tombeaux il a scellé au jour de sa vengeance ! Ces tombeaux ont gardé leur proie devenue poussière hideuse, et la mémoire de tous les révoltés, qui ont voulu renverser son empire, a péri avec plus ou moins de bruit.

Ce Maître tout-puissant des siècles ne nous permet donc pas de nous décourager. Apportons en passant, et sûrs de l'avenir, notre pierre à l'édifice de l'Église militante, édifice qui se continue toujours et qui ne se doit achever que dans le triomphe du Ciel. Faisons le bien sans nous demander si nous verrons ici bas la victoire de l'Église catholique : d'autres la verront ; mais nous aurons, pour notre part, contribué à cette victoire ; c'est là notre seul devoir, notre seule consolation.

---

(1) Mgr Baton.

Notre École libre congréganiste finit dans des circonstances dou-
loureuses, où tant d'œuvres catholiques sont anéanties ou ravagées
sur le sol de France, sur ce sol fécond où ont germé tant de nobles
libertés !!. Mais la tempête se calmera un jour, sur un geste de
Dieu, et les racines qui restent au fond de notre généreuse terre
gauloise catholique pousseront de nouveaux rejetons, peut-être plus
vigoureux que les premiers.

Notre École congréganiste est donc, hélas ! supprimée… comme
des milliers d'autres, mais elle revivra dans une autre École libre et
chrétienne qui la remplacera, s'il plaît à Dieu, et dont je vous
annonce la rentrée pour le 2 octobre prochain, à 8 heures.

Dans cette ville de Laon où sont écloses les premières franchises
communales, on entoure encore de respect et d'amour la liberté,
cette vieille liberté ! fille du ciel, contemporaine du premier homme,
mais toujours jeune, qui s'en va de par ce monde ingrat, errant de
refuge en refuge sur cette terre qu'elle ne veut plus quitter, depuis
qu'elle y est redescendue avec Jésus-Christ, le divin Libérateur de
l'Humanité.

Après tout, l'enseignement des vérités profanes est du domaine
de tous, quel que soit le costume du professeur. L'Église ne réclame
aucun monopole, si ce n'est celui de l'enseignement de la religion
et celui de la direction surnaturelle des âmes, deux monopoles dont
elle a été investie par Dieu, maître absolu de toutes choses. Or,
nous sommes tous solidaires ; et c'est pourquoi notre École chrétienne a le droit de compter sur le concours effectif et pécuniaire de
toutes les personnes libérales et magnanimes qui ont à cœur la
gloire de Dieu, le salut des âmes, l'indéfectible grandeur des caractères et la prospérité de la patrie française. Jusqu'à présent, ce
concours ne nous a pas fait défaut, et nous sommes heureux de
remercier publiquement tous ceux qui nous ont aidés et nous aide-
ront à entretenir notre École libre.

Pour vous montrer que nous ne datons pas d'hier, pour vous
encourager à maintenir nos antiques traditions de dévouement à
l'instruction publique, permettez-moi de vous retracer rapidement
l'histoire des écoles catholiques du vieux Laon et la carrière ensei-
gnante des Frères des Écoles chrétiennes dans notre ville, depuis
plus de deux siècles.

Quand on visite la cathédrale de Laon, on est surtout émerveillé
de l'élégance svelte et élancée de ses tours aériennes, de la beauté

tout à la fois sévère et gracieuse de son grand portail, des richesses sculpturales qui font de l'intérieur de cette basilique un poème varié où chantent la foi et l'art religieux de nos ancêtres... Mais qui songe à admirer les bases solides qui, depuis plus de 700 ans, soutiennent ce magnifique monument ? Ainsi en est-il des écoles populaires : on en célèbre les bienfaits, — et on a raison, — mais on oublie que c'est l'Église catholique qui en a posé les premières assises indestructibles ; car notre Dieu est le Dieu des sciences, et Il veut même que notre Foi prenne la Raison et la Science pour auxiliaires.

Par conséquent, rendons d'abord à l'Église catholique l'honneur authentique d'avoir créé les premières Écoles.

En effet, nous avions à Laon, bien avant l'apparition des Frères des Écoles chrétiennes, deux sortes d'Écoles publiques, les grandes et les petites. Les premières étaient fréquentées par des élèves qui s'y rendaient des contrées les plus éloignées : les écoliers portaient le nom de grands bacheliers. Notre première grande école fut celle de la Cathédrale, qui existait déjà au cinquième siècle environ, car Saint Remy, dit-on, y fit son éducation. Elle était située près de la Cathédrale et du Palais épiscopal, sur l'emplacement de l'ancien Hôtel-Dieu. Au XIIe siècle, époque de sa splendeur, un chanoine de la Cathédrale appelé Ecolâtre, en était le Directeur et l'enseignement continuait à y être donné par des ecclésiastiques. Elle brilla surtout d'un éclat incomparable, lorsque Raoul et son frère, le fameux Anselme, doyen de la Cathédrale, appelé le Docteur des docteurs, consulté maintes fois par les Papes eux-mêmes, y attiraient des élèves de l'Italie, de l'Espagne, de l'Allemagne, de l'Angleterre et de l'Extrême-Nord. C'est là que fut formé Guillaume de Champeaux, qui se rendit célèbre à Paris. Deux autres écoles, modelées sur celle de la Cathédrale, furent fondées vers cette même époque par les abbayes de Saint-Vincent et de Saint-Jean : elles eurent aussi leurs jours de gloire. Au XIIe siècle également, il se trouvait à Laon des écoles paroissiales tenues par les curés de la ville : elles recevaient les enfants pauvres des deux sexes. L'inspection des écoles de la cité appartenait au chapitre de la Cathédrale.

Ce n'est qu'en 1682 qu'il est fait mention de la première école laïque pour les enfants pauvres. Elle fut fondée et dirigée par

M. Adrien Niay, natif de la paroisse Saint-Cyr (1) sur les instances
de M Guiart, curé de l'église Saint-Pierre-le-Vieux, située près de
celle de Saint-Martin, rue de l'ancien Collège. Mais bientôt, de 1682
à 1685, sur les pressantes sollicitations de M. Guiart, ce vaillant
promoteur des écoles gratuites de notre vieille cité, et à la demande
de Monseigneur Jean d'Estrées, évêque de Laon, Jean-Baptiste de
la Salle, chanoine de Reims, fondateur des Frères des écoles chrétiennes, à qui l'Église vient de décerner l'auréole des Saints, envoya
dans notre ville deux Frères pour instruire les enfants de l'école
établie près de l'Église Saint-Pierre-le-Vieux. Ces deux pionniers de
nos écoles chrétiennes s'appelaient Nicolas Bourlette et Gabriel
Diolin. Le Frère Bourlette mourut en 1686, après avoir fait seul les
deux classes, en même temps qu'il soignait son compagnon malade :
« J'ai le pied droit dans une classe, le pied gauche dans l'autre,
l'esprit au malade et le cœur au ciel, » répondit-il un jour à
M. Guiart, curé de Saint-Pierre-le-Vieux, qui lui reprochait l'impru-
dence de son zèle admirable Cet excès de fatigue causa sa mort, à
l'âge de 25 ans. On le vénéra comme un saint.

En 1695, une seconde école fut ouverte par les Frères, près de
l'Abbaye de Saint-Jean, dans la rue actuelle de la Préfecture.

Depuis cette époque, les Frères ne cessèrent de diriger avec succès
leurs classes toujours fréquentées par des élèves de plus en plus
nombreux. Pendant la grande révolution, ces apôtres de l'instruction
du peuple furent emprisonnés à Laon, mais la liberté leur fut ren-
due au bout de quelques jours et on les reconduisit en triomphe
dans leurs écoles, où les seuls en France, dans ces jours sombres, ils
continuèrent l'enseignement des classes pauvres.

En 1814, le municipalité laonnoise, qui, toujours libérale, les
avait diversement subventionnés depuis 1763, porta le traitement
des Frères de 1.800 fr. à 2.100 fr., pour reconnaître et récompen-
ser les actes de dévouement héroïque que les sept Frères d'alors

---

(1) Adrien Niay, mort à Rouen, est né, non pas sur la paroisse Saint-Cyr
de Laon, mais aux fermes de Beauvois (commune de Goudelancourt) et il
signait Nyel. A l'époque de sa naissance, cette grande exploitation agricole
appartenait à Saint-Martin de Laon.

(V la Vie de Saint-Jean-Baptiste de la Salle par l'abbé Guibert et la
Semaine du 26 mai 1900).

avaient accomplis pendant les journées de la bataille de Laon, les 9 et 10 mars 1814, et les journées suivantes.

Voici ce que nous lisons en effet dans l'Annuaire du département l'Aisne, année 1814, page 47 :

« Après les affaires de la guerre qui ont eu lieu dans les environs
« de Laon, l'année 1814, les Frères des Écoles chrétiennes de cette
« ville, bravant tous les dangers, se rendirent, de leur propre mou-
« vement, dans les villages de Chivy et de Clacy pour porter des
« secours aux blessés et aux mourants, qui, faute de moyens de
« transports, languissaient sous des ruines.

« Grâce aux soins de ces hommes respectables qu'on trouve tou-
« jours les premiers partout dans les désastres publics, des malheu_
« reux abandonnés au désespoir, dans un isolement affreux, furent
« soulagés et transportés dans les hôpitaux où une partie fut arrachée
« à une mort inévitable »

Les Frères se séparaient, et accompagnés d'un homme qui por-
tait quelques provisions dans un panier, ils cherchaient les blessés
dans la campagne, aux environs de la Ville ; quand ils en trou-
vaient, ils leur distribuaient quelques aliments et les faisaient trans
porter dans les lieux désignés pour les panser ou les faire panser.

C'est à la suite d'un de ces actes de charité que le Frère Leufroy,
natif de Chartres, mourut le 7 mai 1814, à l'âge de 25 ans, victime
des efforts surhumains qu'il avait faits pour transporter seul un
blessé découvert par lui derrière une haie du faubourg de Vaux.

A cette époque, comme en 1870, les Frères de la doctrine chrétiennes ont montré que, pour être religieux, ils n'en étaient pas
moins bons Français et que leurs cœurs battaient du même amour
pour Dieu et pour la Patrie française, jusqu'au sacrifice de leur vie.

En 1841, une Commission d'enquête nommée par le Conseil
municipal, décernait aux Frères les éloges suivants dans son rapport : « Ce fut à l'Institution des Frères que notre cité dût de
« profiter, avant beaucoup d'autres villes, du bienfait de l'instruc-
« tion populaire. Elle commença dans nos murs l'émancipation
« intellectuelle de la classe pauvre. Pendant un siècle et demi, sans
« interruption, elle fournit seule, presque exclusivement, aux
« besoins de l'enseignement primaire ; elle se concilia — et nous
« le disons hautement, sans qu'aucun démenti soit à craindre —

« les sympathies et les affections de tous. » Voilà ce que pensait des Frères la Commission municipale de 1841. Depuis lors rien ne s'est produit qui ait pu amoindrir cette appréciation flatteuse et juste ; car, à Laon et partout, les Frères ont gardé leur éminente réputation d'éducateurs, et ont obtenu, dans les inspections de l'État, de significatives félicitations, et, dans les concours et les expositions, des récompenses distinguées.

Lorsqu'on laïcisa nos écoles communales confiées aux Frères depuis si longtemps, avec cette différence qu'ils étaient alors reconnus et payés par l'État comme instituteurs publics, Monseigneur Baton fit en 1887 l'acquisition de l'immeuble actuel, fonda la Société civile du Val des Écoliers pour doter la Ville d'une École libre congréganiste et, en janvier 1888, les Frères commençaient leurs classes dans cette ancienne pension Routier. Inclinons-nous devant l'âge vénérable de Monseigneur Baton, saluons sa charité, son inépuisable dévouement : il occupe une place d'honneur dans la grande famille ecclésiastique, abbatiale et épiscopale des bienfaiteurs de l'enseignement scolaire chrétien, dans notre vieille cité laonnoise ; — et ils sont nombreux depuis l'origine : Religieux des Abbayes de Saint-Martin, de Saint-Vincent, de Saint-Jean, etc., Curés des paroisses, chanoines, évêques et fidèles. Nous acclamons le nom de notre ancien archiprêtre, Monseigneur Baton, fondateur et premier président de nos Écoles libres.

Nous y associons les noms de M. Henri Hurier, notre nouveau Président, de M. le Chanoine Ply, curé de Saint-Martin, qui a composé, avec son talent habituel, en vers et en musique, une cantate d'adieu aux chers Frères, et de M. Cortilliot, secrétaire, tous trois anciens et fidèles sociétaires, de Messieurs Bouré et Macon, qui ont bien voulu compléter courageusement le Comité actuel, continuateur de cette œuvre, pour l'entretien de laquelle l'Archiprêtre d'aujourd'hui n'est pas précisément inutile.

Nous adressons en même temps le tribut de notre vive et profonde reconnaissance à tous les anciens directeurs et professeurs de cette École libre, au Directeur de cette année, le cher Frère Euthyme, dont la science, la discrétion et le zèle nous permettaient d'envisager avec confiance un avenir qui n'est plus, à tous ses collaborateurs, dont la modestie égale le magnifique et obscur dévouement, en particulier, au cher Frère Anicien, à qui nous devons surtout l'organisation et la prospérité de nos cours rétribués.

Cette année, comme précédemment, l'École a maintenu ses traditions de succès aux examens : ont obtenu le certificat d'études six élèves dont on va bientôt proclamer les noms et les récompenses spéciales.

Je termine cette allocution déjà trop longue pour la circonstance...; mais je tenais à mettre sous vos yeux ce que l'Église et les Frères des Écoles chrétiennes ont fait, depuis de longs siècles, pour l'instruction de la jeunesse laonnoise. Quand on possède de pareils états de services, dût-on n'avoir plus sa place au soleil de la liberté, on est sûr de la garder dans les pages impartiales de l'histoire et dans le souvenir ineffaçable des cœurs reconnaissants.

Mers chers Frères, qui allez nous quitter, vous avez admirablement pratiqué, vous et vos devanciers, depuis 220 ans environ, dans la ville de Laon, la parole de Jésus-Christ : « Il y a beaucoup plus de bonheur à donner qu'à recevoir ». Vous n'avez recherché que ce bonheur délicat : vous avez donné, sans mesure, à notre jeunesse scolaire votre enseignement autorisé, votre science, votre temps, l'attachement de vos cœurs, l'exemple de vos vertus ; vous avez peu reçu sous le rapport matériel...; mais, puisqu'il est vrai que l'affection est plus forte que la mort et qu'elle surpasse tous les trésors, vous êtes sûrs d'emporter avec vous ce que nous avons de plus précieux ; notre éternelle affection, notre éternelle gratitude.

Dans l'émotion douleureuse qui nous étreint, mais le regard fixé sur les espérances de l'avenir, nous vous disons, non pas : « Adieu, mais au revoir !!! » Oui, au revoir, plus tard...

Parents et Laonnois chrétiens qui m'écoutez, je vous ai annoncé la rentrée de notre École laïque chrétienne pour le 2 octobre prochain, s'il plaît à Dieu. Saluez ce dernier lambeau de la liberté d'enseignement qui nous reste, ce lambeau que nous serrons sur nos cœurs meurtris, comme le porte-drapeau, dans la fumée des batailles, serre sur sa mâle poitrine, avant de mourir, son glorieux emblème mutilé par les balles. Suivez notre drapeau de l'enseignement chrétien, quelque déchiqueté qu'il soit, au milieu de nos luttes pour Dieu et pour la Patrie : envoyez-nous beaucoup d'enfants à la rentrée, encouragez notre œuvre par vos sympathies actives et par vos charités abondantes.

Et vous, chers petits enfants, à qui je ne puis donner que quelques conseils pour ne pas fatiguer votre attention plus longtemps, retenez bien ces nobles paroles que l'un de nos plus grands savants modernes, l'immortel Pasteur, fit graver sur une tombe (celle de Gaspar André) ; ces paroles, gravez-les au frontispice de vos jeunes années : « Heureux celui qui porte en soi un Dieu, un idéal de beauté et qui lui obéit : idéal de l'art, idéal de la science, idéal de la Patrie, idéal des vertus de l'Evangile ! »

Chers enfants, chers laonnois, au revoir !... Et, avec la grâce de Dieu, toujours plus haut les cœurs et les caractères !...

Ce très beau discours est interrompu fréquemment par des salves d'applaudissements qui se renouvellent avec plus d'ardeur que jamais pour en saluer l'éloquente péroraison.

Lorsqu'enfin l'écho de ces flatteuses marques d'approbation s'est assoupi, M. l'abbé Israël commence la lecture du palmarès, que nous publions en appendice et que nous offrons comme souvenir aux derniers élèves des Frères.

Au fur et à mesure de l'appel de leurs noms, les jeunes lauréats montent sur l'estrade où, aux côtés de M. le chanoine Marlier, ont pris place Mgr Baton, ancien curé-archiprêtre de la cathédrale, M. Hurier, président de la Société civile des Écoles libres, M. Bouré, avocat au barreau de Laon, M. le chanoine Ply, curé de Saint-Martin, M. le docteur Macon, les aumôniers de l'Hôtel-Dieu et de l'Hôpital, M. Dessains, supérieur du Petit Séminaire de Liesse, M. l'abbé Deharbe, curé de Vaux, et MM. les vicaires de la cathédrale et de Saint-Martin.

Aux applaudissements de l'assistance extrêmement nombreuse, ces Messieurs placent sur la tête des jeunes vainqueurs des laborieux tournois de l'année scolaire la couronne de lauriers que, grâce à leur travail et à leur assiduité ils ont remportée et ils leur remettent avec des félicitations les piles de livres richement reliés et dorés, récompense de leurs persévérants efforts. Enfin, lorsque la distribution de ces pacifiques trophées est terminée, Me Bouré se lève et prononce l'émouvante allocution suivante, éloquente apologie des Frères, hymne vibrant en l'honneur de la liberté, qui

2

impressionne vivement l'assistance et tire des larmes de bien des yeux.

Le comité des Écoles chrétiennes ne veut pas, chers Frères, vous laisser quitter cette maison, sans vous dire un mot de reconnaissance. Il m'a fait l'honneur d'être son interprète et celui de toutes les familles qui, présentement ou autrefois, vous ont confié leurs enfants.

Vous avez consacré votre vie à la cause de l'enseignement libre. Nous comprenons, nous apprécions, je voudrais faire apprécier et comprendre la volonté et l'abnégation qui vous ont été nécessaires.

Le choix d'une telle carrière exigeait de fortes études : vous avez étudié ; on réclamait de vous des grades universitaires : vous avez triomphé dans les examens nécessaires ; on ne vous a promis dans l'enseignement chrétien ni traitement élevé, ni avancement progressif, ni retraite pour la vieillesse, on vous a prévenus, au contraire, que vous devriez vivre humblement, pauvrement, laborieusement, dans l'austérité de la règle quotidienne, dans l'incertitude du lendemain ; vous avez accepté, vous avez tout sacrifié à l'œuvre sainte qui vous attirait.

Votre récompense ? Trois d'entre vous vont connaître l'exil ; ils partiront pour la Colombie ; les autres ne sont pas même assurés de mourir sur la terre de France.

Vous avez été, chers Frères, d'admirables instituteurs, votre mérite est incontestable, il n'a jamais été discuté ; vos succès en sont votre meilleur garant.

Vous avez été surtout notre aide dans l'éducation. Le savoir, les connaissances intellectuelles, nous aurions pu les demander ailleurs. Mais aurions-nous trouvé ailleurs la tournure d'esprit et la formation que nous voulions pour nos enfants ?

Quel est le père de famille chrétien qui, au moment de choisir des maîtres pour son fils, ne se sente inquiet de la responsabilité qui lui incombe ? Cette petite âme si pure, si candide, si loyale, il doit en répondre devant Dieu qui la lui a confiée, devant la famille où elle est entrée, devant la patrie qui la réclame. Ce marmot déjà espiègle, joie et tourment de sa mère, il faut en faire un homme, c'est-à-dire une énergie, et une énergie au service du bien. A qui recourir ? Vous étiez là, chers Frères, et toute difficulté était levée. Nous étions sûrs que, près de vous, nos enfants recevraient les idées, les sentiments, les traditions qui sont les nôtres.

Dès familles chrétiennes de Laon, vous avez donc été les meilleurs auxiliaires, et nous vous devons le plus cordial merci. Ce merci je vous l'apporte et vous prie de l'agréer.

Certes, vous n'avez point mérité d'être ainsi à la peine, les puissants du jour vous chassent parce que la comparaison de vous à d'autres reste gênante ; au moins vous emporterez l'estime des familles et l'affection de vos élèves. J'en ai la preuve touchante dans la protestation qui, la semaine dernière, se couvrait de nombreuses signatures. La voici, je vous la remets avec plaisir, elle est un gage de nos regrets ; qu'elle soit aussi un adoucissement à votre souffrance.

Pour la dernière fois, nous nous réunissons, puis vous vous en irez. Cette maison, qui est vôtre, force vous sera de la quitter. Oh ! c'est un dur sacrifice, l'un des plus douloureux qui soient au monde. Dans les classes, dans les cours, dans vos pauvres cellules, vous laisserez un peu de vos âmes ; et, à l'heure suprême, quand il vous faudra fermer la porte derrière vous, ce sera le déchirement, et je devine que vous aurez peine à retenir des larmes silencieuses et lentes qui vous sembleront venir des tréfonds meurtris de votre cœur.

Petits enfants que vos mamans font agenouiller tous les soirs pour élever vos cœurs vers Dieu, demandez dans vos prières le courage, la consolation et l'espérance pour ceux qui s'en vont. Vous, les aînés qui nous comprenez mieux, n'oubliez jamais vos maîtres. Que leur dernière distribution de prix ne sorte pas de votre souvenir. Plus tard, quand le temps et la vie vous auront, à leur tour, donné leurs rudes leçons, vous réfléchirez. Puissent alors, à l'âge d'homme, les sentiments et l'émotion dont vous frémissez aujourd'hui, revivre en vous dans toute leur acuité et vous inspirer le plus pur amour pour cette chose précieuse, douce et sainte, qu'on croyait française et qui s'appelle la liberté.

Mesdames, Messieurs, ce n'est pas un hymne de deuil qui convient en ce jour, c'est un chant d'espérance que vous devez entendre. Les récriminations ne servent de rien. Il faut agir. Tout à l'heure, dans le beau discours qu'il a prononcé, M. l'Archiprêtre de Laon vous a fait connaître qu'au mois d'octobre, cette maison serait réouverte. Toute la différence sera que les maîtres ne porteront pas la robe noire et le rabat blanc, ils seront vêtus comme à la laïque. Mais ils vous apporteront la même ardeur au travail que leurs prédécesseurs, la même morale, les mêmes sentiments de foi. Avec eux l'enseignement chrétien vivra. Il le faut ; ne serait-ce que pour l'honneur de la ville de Laon.

Il le faut, au prix de tous les sacrifices, pour que vous soyez en mesure d'exercer un droit qui est le vôtre, droit naturel, imprescriptible supérieur et antérieur à toute loi écrite : le droit pour vous d'élever vos enfants dans vos principes et dans vos convictions ; le droit d'empêcher un indifférent, un adversaire politique peut-être d'opposer l'enseignement de l'école à celui de la famille ; le droit de ne pas souffrir que l'on retourne en quelque sorte vos fils contre vous ; en définitive, le droit que vous avez, dans la liberté de vos âmes, de choisir les éducateurs de vos enfants.

Il est donc nécessaire qu'il y ait ici même une maison qui vous agrée, qui remplace autant que possible la maison paternelle et à qui vous puissiez confier, pour les instruire et les préparer à la vie, tous ces petits dont vous avez la responsabilité.

Oui, dans cette maison sera donnée l'éducation chrétienne. Ne vous troublez pas et ne vous laissez pas dire que l'éducation chrétienne c'est l'intrusion de la religion dans l'école, et par suite la neutralité scolaire violée. A ceux qui parleraient ainsi, demandez donc ce que c'est que la neutralité scolaire ? Ils seront bien empêchés de vous répondre d'une manière satisfaisante.

Pour nous, l'éducation chrétienne, c'est celle qui fait passer la formation du cœur avant celle de l'esprit et qui dit à l'enfant : Oui, certainement, il est beau d'être intelligent et d'être instruit ; il faut apprendre beaucoup ; il faut être savant, mais il y a quelque chose de meilleur et de plus nécessaire et qui est très bon.

L'éducation chrétienne enseigne que nous ne sommes naturellement ni bons ni vertueux. Nous avons tous nos défauts, mettons, si vous le voulez, nos instincts, dont la plupart ont besoin qu'on les réprime ou qu'on les corrige, tout au moins qu'on les surveille. L'éducation a pour objet de limiter en nous et par rapport aux autres les effets plutôt fâcheux de ces dispositions ; elle nous montre que la bonté et la vertu sont une victoire de tous les instants sur ce qu'on appelle la nature ; elle nous apprend le moyen de gagner la victoire.

Enfin l'éducation chrétienne est celle qui consiste à parler aux enfants beaucoup de leurs devoirs, très peu de leurs droits. Le jeune homme, surtout de nos jours, apprend trop vite qu'il a des droits, beaucoup de droits, et que les autres ont envers lui des devoirs, de rigoureux devoirs. Alors le partage est vite fait : le droit pour moi, le devoir pour les autres. C'est la morale sans la notion de responsabilité, que beaucoup aujourd'hui pratiquent spontanément, parce que c'est la morale des gens qui n'aiment pas à se gêner. L'éducation chrétienne renverse les termes de la formule et rétablit la doctrine vraie : avant tout mon devoir à moi ; et le respect du droit des autres. Ne croyez pas que ce soit là une maxime de faiblesse. Elle convient au contraire à tous les nobles cœurs, parce que, aux temps actuels, il arrive souvent que le devoir consiste précisément à réclamer et à défendre son droit, et trop nombreuses sont les âmes veules qui reculent devant ce devoir d'honneur.

Voilà l'éducation chrétienne ! Vous semble-t-elle assez noble, assez fière, assez capable de former des hommes ? C'est celle que nous voulons vous mettre à même de donner à vos enfants.

C'est pour cela qu'il nous faut une école libre, et ce n'est qu'une question d'argent. Le Comité, au nom de qui je parle, a besoin de toutes les bonnes volontés. Qu'elles viennent à lui sans hésiter. Toutes, si modestes qu'elles soient, seront accueillies avec reconnaissance.

A ceux qui ne peuvent donner que leurs enfants, nous disons : Confiez-nous les, pour que nous en puissions en faire les héritiers naturels de vos idées, de vos traditions et de vos espérances. Aux autres, nous disons la même chose d'abord, et nous ajoutons : Aidez-nous de vos deniers ! nous vous convions à une œuvre intéressante et bonne. Ne nous refusez pas votre concours. Donnez comme vous avez fait jusqu'ici, généreusement, largement et mieux encore.

Donnez riches ! l'aumône est sœur de la prière.

Donnez, Messieurs, parce qu'il est beau de s'associer à une œuvre grande par le sacrifice et la persévérance qu'elle exige. Donnez, Mesdames, vous qui n'avez jamais manqué d'élan ni de générosité. Nous comptons sur vous, vous êtes chrétiennes, vous êtes françaises, c'est-à-dire que vous ne reculez jamais quand il s'agit de vous dévouer, et aujourd'hui nous vous demandons votre dévouement pour Dieu et pour la Patrie.

L'assistance réconfortée par cette pensée que l'établissement dans lequel tant de nos honorables Concitoyens ont été élevés va rouvrir ses portes avec des maîtres qui, moins la robe, donneront aux enfants le même enseignement patriotique et chrétien qu'ils ont reçu ; soutenue d'ailleurs par cette conviction que le despotisme n'a qu'un temps et que l'éclipse de liberté dont nous pâtissons actuellement n'est que passagère, applaudit à tout rompre les paroles enflammées de l'orateur et se prépare à donner généreusement pour seconder les hommes dévoués dans la tâche qu'ils ont entreprise de continuer à Laon l'enseignement répandu par les chers Frères.

Pendant que, dans ce but, deux aimables quêteuses, Mesdames Dubois et Huin, passent dans les rangs pressés des assistants en présentant leurs aumonières, les jeunes élève[s] montent sur l'estrade et viennent se grouper autour de M. l'Abbé Israël, pour l'interprétation d'une Cantate, due pour les paroles et la musique à l'heureuse inspiration de M. le Chanoine Ply, et qu'ils chantent dans la perfection.

Voici cette œuvre dédiée aux chers Frères et intitulée *Les Adieux* :

REFRAIN.

Vous nous quittez, ô nos bien-aimés Frères,
Et nous devons vous faire nos adieux.
Emportez donc aux rives étrangères
De vos enfants les regrets et les vœux. (*Bis*).

1re STROPHE.

Foulant aux pieds les plaisirs de la terre,
Et dédaignant ses honneurs et son or,
A nos esprits vous donnez la lumière,
A notre vie un généreux essor.

2°

On vous a vus, sur les champs de bataille,
Frères partout même au sein des combats
Braver le feu, le fer et la mitraille,
Pour secourir nos malheureux soldats.

3°

Par vos leçons dissipant l'ignorance,
Maîtres zélés vous nous avez appris
A servir Dieu, la famille et la France.
L'exil amer de vos soins est le prix.

4°

Qui peut savoir ? Le savez-vous vous même
Où vous allez chercher la liberté ?
Mais près ou loin, toujours le bon cœur aime :
Nous vous vouons amour, fidélité.

5°

Des jours sereins, après cette tempête,
Luiront bientôt sur notre beau pays.
Vous reviendrez : Je vois la France en fête
Pour célébrer le retour de ses fils !

On applaudit chaleureusement les jeunes chanteurs et après quelques mots de M. le Chanoine Marlier, invitant les parents à continuer leur confiance aux maîtres dévoués qui vont se substituer aux Frères des Écoles chrétiennes, la séance est levée et le public s'écoule avec l'espérance de voir revivre en des successeurs zélés, l'enseignement que, pendant près de 220 ans, les chers Frères avec un dévouement et un succès qui ne s'étaient jamais démentis, n'avaient cessé de donner à la satisfaction de tous les parents qui leur avaient confié leurs enfants.

Pour nous, sachant que l'exercice de la tyrannie n'a jamais profité qu'aux victimes, nous souvenant que le règne des méchants est éphémère, et confiant dans la « Justice immanente » qui a toujours assuré le triomphe du bien, nous espérons que les Français finiront par se lasser du joug odieux que fait peser sur eux une poignée d'incapables et de sectaires, et nous saluons l'avènement d'une ère de paix, de liberté et de tolérance dont, à certains signes d'impatience, de lassitude et de dégoût, il semble désormais que nous ne soyons plus éloignés. Puissions-nous ne pas nous tromper !

J. B.

Quelques jours plus tard, sur la très aimable et très empressée invitation de M. le docteur Macon, les Membres de la Société et les Frères de l'École chrétienne de Laon étaient réunis autour de la même table dont Mme Macon fit tous les honneurs, avec l'empressement et la grâce qui la distinguent. On s'entretint, comme en famille, du passé douloureux et du plus triste avenir, on parla à cœur ouvert ; mais dans cette harmonie des âmes, il ne devait point se rencontrer une note joyeuse. Après le repas, le cher Frère Euthyme se fit l'interprète de ses compagnons d'armes et d'infortunes, en termes touchants et qui méritent d'être reproduits :

Monsieur le Président, Messieurs,

Si nos règles nous prescrivent avec un dévouement sans borne le silence et la modestie qui sied à nos humbles fonctions, elles ne nous défendent point, loin de là, la reconnaissance envers nos protecteurs et nos amis, et nous n'avons jamais manqué de vous donner un souvenir dans nos prières de chaque jour. Aujourd'hui, ce tribut ordinaire ne saurait suffire à notre religieuse gratitude ; car il s'agit d'adieux probablement éternels, et de nos cœurs brisés s'il s'échappe un sanglot, il faut qu'il en sorte aussi, pour le couvrir, un respectueux et cordial merci.

Lorrains, pour la plupart, nous avions quitté le sol natal, afin de servir la France, à l'ombre du drapeau que nos pères nous avaient appris à aimer. Nous nous flattions d'être accueillis en fils fidèles et nous nous bercions de l'espoir que nos modestes services nous permettraient de vivre et de mourir en terre française. C'était une illusion. Nous avions une tare que deux discours ont mise en lumière, dimanche dernier, pendant que nous adressions, tout bas, à la France cette question : « Que devions-nous faire pour toi, bien-aimée patrie, que nous n'ayons point fait ? »

Nous ne te maudirons pas, malgré tout, et les bannis, en partant pour l'exil, te chériront quand même et, avec toi, les nobles cœurs qui protégèrent, avec un dévouement de tous les jours, notre œuvre sociale d'éducation chrétienne.

Le souvenir de votre généreuse assistance, Messieurs, restera gravé dans nos cœurs et nous l'emporterons comme une consolation et une espérance, parce qu'elle est une preuve de ce qui survit, en l'âme française, de désintéressement, de noblesse et d'esprit de sacrifice.

Si, comme nous devons nous y attendre, la nostalgie vient nous visiter, nous penserons à notre cher Président, Monsieur Hurier qui sait s'arracher aux joies des réunions de la famille la plus unie, pour porter avec son cœur et sa bourse les plus précieux encouragements aux œuvres chrétiennes. Nous penserons à notre vénéré archiprêtre qui fut toujours pour nous si délicat et dont la valeur et la modestie sont au-dessus de tout éloge. Nous penserons à vous, Monsieur le chanoine, curé de Saint-Martin, dont le grand et noble cœur s'est épanché en un chant impérissable. Bientôt, pour notre encouragement, nous le ferons retentir, sur les rives du Pacifique, où la Providence nous envoie, et ce nous sera l'un des meilleurs souvenirs de la patrie absente.

Nous penserons à l'honorable Monsieur Cortilliot, le courtois et généreux champion des saintes revendications par la presse ; à maître Bouré, l'éminent avocat, l'apôtre de la justice, le chrétien sans peur et sans reproche ; à Monsieur le docteur Macon, qui fut pour les Frères le bon samaritain, par ses soins désintéressés et par les encouragements de sa douce parole. Nous n'oublierons pas que c'est à son cœur généreux que nous devons les charmes de cette douce réunion, malgré la tristesse des circonstances qui semblent avoir créé un lien de plus entre les protecteurs et les protégés.

Daigne Dieu, Messieurs, exaucer les vœux des pauvres proscrits et répandre sur vous, sur vos familles et sur votre nouvelle école ses plus abondantes et ses plus fécondes bénédictions.

M. le docteur Maçon et M. l'Archiprêtre remercièrent les chers Frères des bonnes paroles qu'ils venaient d'entendre et M. le Président provoqua immédiatement une nouvelle et suprême réunion des Frères et de la Société du Val-des-Écoliers en sa propriété de Mailly, où M. le Curé de St-Martin s'engagea à dire la Sainte-Messe pour les expulsés, dans la gracieuse chapelle que le propriétaire y a fait construire sur le modèle de la Chapelle des Templiers de Laon, qui fut pendant de longues années et jusqu'en 1888, la chapelle des Frères des Écoles chrétiennes.

En effet, le 26 août, dès le matin, les Frères et M le Chanoine Ply s'étaient rendus à la maison pieuse et hospitalière, où Mᵐᵉ et M. Hurier les attendaient. A la messe, servie par le Frère Joseph, et à laquelle assistaient Mᵐᵉ et M. Hurier ainsi que les gens de leur maison, le célébrant adressa aux pieux instituteurs une allocution pleine de cœur et qui fit couler bien des larmes. Pour encourager les malheureux exilés, il leur fit comprendre qu'ils trouveraient là-bas, au-delà de l'Océan, les trois objets au service desquels leur vocation les a voués : Dieu, car il est partout ; l'enfance, car ils vont y instruire des enfants ; enfin la France, puisqu'ils l'emporteront dans leur cœur, et que leur présence, à elle seule témoignera de quel héroïsme est encore capable l'âme française, malgré son affaissement d'un jour. M Hurier fit ensuite à ses invités les honneurs de sa propriété, en attendant que Mᵐᵉ Hurier fît à son tour les honneurs de la table, où elle avait réuni les Frères et les Membres du Comité de l'École chrétienne. Sur la fin du repas, au nom des chers Frères et des Membres du Comité, M. le Chanoine Ply remercia, en quelques mots, la Maîtresse et le Maître de la maison de leur aimable et chrétienne hospitalité.

Deux jours plus tard, on distribuait en Ville l'invitation suivante :

Le Comité de l'École libre chrétienne, désireux d'offrir aux Frères à l'heure douloureuse de leur départ, un dernier témoignage de sympathie et de regret, prie les Familles, les anciens Élèves et les Élèves de vouloir bien se rendre le Mercredi 30 Août courant à la Gare de Laon, à Midi (Place de la Gare).

Il espère que tous ceux qui ont vu nos dignes Frères à l'œuvre tiendront à honneur et auront à cœur de venir leur donner, avec un dernier serrement de main, un peu de courage et d'espérance.

Laon, le 28 Août 1905.

Cette invitation trouva un écho dans la Ville et voici, d'après le *Journal de l'Aisne*, comment il y fut répondu.

Nous venons d'assister au départ des Frères des Écoles libres chrétiennes qui ont quitté Laon par le train de midi et demi, se rendant les uns à Momignies (Belgique) et les autres à Reims. On a rappelé que la Révolution de 1793 avait laissé ouverte, à Laon, l'école des Frères. La troisième République s'est montrée moins clémente à ceux qui ont formé, en France, tant d'honnêtes et fortes générations. Elle leur interdit son territoire. Elle ferme leurs écoles. Elle prive arbitrairement les enfants du peuple d'un enseignement qui les formait au travail, à l'honneur, au patriotisme.

C'est affaire à elle.

Le Comité de l'École libre avait cru devoir convier à ce départ les anciens élèves, les élèves et leurs familles. La manifestation qu'il avait demandée, s'est faite, comme il l'avait demandée, nombreuse, émouvante et discrète.

Pas un mot. Pas un cri. Des mains qui se serraient dans le dernier adieu. Des larmes qui coulaient de bien des yeux.

Alors que notre ville compte tant d'absents qui eussent tenu à honneur d'assister à ce départ, les Frères n'en ont pas moins eu une digne et sympathique escorte ; et jusqu'à leur wagon, ils ont été accompagnés par M. le chanoine Marlier, archiprêtre de la Cathédrale, par tous les membres du clergé laonnois que des devoirs de conscience ne retenaient pas loin de la ville ; par les membres du Comité de l'École qui ont porté aux dignes éducateurs qu'ils ont vu à l'œuvre, le témoignage de leurs reconnaissance et de tous leurs regrets.

Personne d'ailleurs n'a prononcé le mot d'adieu. On a dit au revoir à ceux qui s'en vont chassés par un vent de tempête et qu'un souffle de liberté et d'apaisement nous ramènera.

Le premier septembre, M. le Commissaire de police, accompagné de l'agent du quartier, se rendit à l'école libre pour voir si les Frères étaient bien partis. Après avoir fouillé toutes les pièces de la maison dont le nouveau directeur lui fit les honneurs, M. le Commissaire n'ayant trouvé ni un Frère, ni l'ombre même d'un Frère, se déclara satisfait et dressa procès-verbal du résultat de sa perquisition pour le transmettre à qui de droit.

Et voilà le dernier mot sur deux cent vingt ans d'éducation et d'instruction chrétiennes, dont ont profité tant de générations, et qui ont formé un si grand nombre de bons laonnois.

L'AVENIR.

Que sera l'avenir de cette œuvre à laquelle se sont intéressées toutes les générosités, depuis 1682 jusque 1905 ?

Il sera ce que le feront les familles qui croient à la nécessité de l'éducation religieuse pour leurs enfants et les personnes qui, jouissant d'une certaine fortune, comprennent que, parmi les œuvres, celle des Écoles chrétiennes est une des plus utiles et même des plus nécessaires, si l'on veut conserver sur le sol de France le respect de l'autorité et de la propriété, l'amour de la famille et le dévoûment à la patrie.

De son côté, la Société du Val-des-Écoliers a fait tout ce qui lui paraissait propre à assurer le succès de l'établissement qu'elle regardait comme un devoir de maintenir, au prix même de nouveaux et plus grands sacrifices.

La restauration des classes et de leur mobilier était désirable sinon désirée : c'est fait. Un nouvel aménagement de la maison s'imposait ; c'est fait.

Il fallait de nouveaux maîtres remplissant toutes les conditions exigées par ceux qui nous mesurent la liberté et répondant en même temps aux justes désirs des familles chrétiennes, en un mot des maîtres dégagés de tout lien congréganiste, munis de tous les titres universitaires demandés par la loi, chrétiens pratiquants sur lesquels on puisse compter pour présider la prière dans les classes, et enseigner les éléments de la Religion.

Ces maîtres ont été trouvés. A leur tête, et comme directeur de l'établissement, a été placé M. Juville qui tint pendant de longues années sous le nom de Frère Robert, soit comme instituteur public, soit à titre d'instituteur libre, l'école de Notre-Dame de Liesse, avec un succès toujours croissant. M. Juville a, pour se recommander à la confiance du public, non seulement les regrets qu'il a laissées dans la ville de Liesse, mais tous les titres universitaires : brevet et certificat d'aptitude pédagogique. Au reste, son mérite comme professeur est déjà connu, et il est suffisamment apprécié de plusieurs familles laonnoises, pour que nous ne nous attardions pas à son éloge.

Les maîtres qu'ils s'est associés, sont, de tout point dignes de travailler avec lui, à la grande œuvre que le Comité de l'École chrétienne lui a confiée.

Comme par le passé, le Comité offre l'instruction primaire aux pauvres, gratuitement, et aux enfants des familles aisées, moyennant une rétribution mensuelle de *cinq* francs pour les petits, et *huit* francs pour les grands. Les deux catégories auront, comme autrefois, leurs classes et leurs cours spéciales.

LA RENTRÉE S'EFFECTUERA COMME IL A ÉTÉ ANNONCÉ, LE LUNDI 2 OCTOBRE.

Assurés de l'autorisation de M. l'Inspecteur d'Académie et

de la bienveillance de notre libérale Municipalité, les Membres du Comité comptent que les familles de Laon apprécieront leurs efforts et apporteront à leur œuvre leur nécessaire contribution, les unes en confiant leurs enfants à la nouvelle École libre, les autres en la soutenant de leurs cotisations généreuses Tout le monde voudra, chacun à sa manière, travailler à la réalisation de leurs chrétiennes espérances.

Laon, le 18 Septembre 1905.

DISTRIBUTION SOLENNELLE

DES PRIX

aux Élèves de l'Externat et de l'École libre

SOUS LA PRÉSIDENCE DE

M. LE CHANOINE MARLIER

Curé-Archiprêtre de Laon

Officier d'Académie

NOTE

Par suite de vacances anticipés et obligatoires, nombre d'Élèves de l'Externat ne peuvent assister à la présente Distribution.

ÉCOLE GRATUITE

Première Classe

1re *Division.*

1er Georges LAMOTTE.

1er *Prix* d'Instruction religieuse.
— d'Orthographe.
— de Grammaire.
— d'Analyse.
— de Narration.
— d'Histoire et de Géographie.
— de Récitation.
— de Lecture expliquée.
— d'Ecriture.
2e — de Billets d'honneur.

11 fois nommé.

2e André JÉROME.

1er *Prix* d'Instruction religieuse.
— de Billets d'honneur.
— d'Orthographe.
— d'Analyse.
— d'Ecriture.
— d'Histoire de France.
— de Lecture expliquée.
2e — de Narration.
— d'Arithmétique.
— d'Histoire et de Géographie

10 fois nommé.

3e André TOULOUZE.

1er *Prix* d'Arithmétique.
— de Dessin.
— d'Histoire et de Géographie.
— de Grammaire.
— d'Arithmétique-Théorie.
2e — d'Orthographe.
— d'Analyse.
— de Narration.

9 fois nommé.

4e André CARPENTIER.

1er *Prix* de Billets d'honneur.
—   de Narration.
—   d'Ecriture.
—   d'Orthographe.
—   de Dessin.
2e —   d'Instruction religieuse.
—   d'Histoire et de Géographie

8 fois nommé.

5e Marcel LEBLOND.

1er *Prix* de Récitation.
2e —   d'Orthographe.
—   d'Ecriture.
—   d'Analyse.
—   de Narration.

5 fois nommé.

6e Georges POINDRON.

1er *Prix* d'Ecriture.
—   de Calcul.
—   d'Analyse.
—   d'Histoire et de Géographie.
—   de Récitation.

5 fois nommé.

2e *Division.*

1er André GERBORE.

1er *Prix* de Dessin.
—   de Cartographie.
—   de Géographie.
—   de Récitation.
2e *Prix* de Calcul.

5 fois nommé.

2e Marcel ALLIOT.

1er *Prix* d'Instruction religieuse.
—   d'Orthographe.
—   d'Arithmétique.
—   d'Ecriture.
—   d'Analyse.

5 fois nommé,

3e Albert CARLIER.

1er *Prix* d'Arithmétique.
—   de Narration.
—   de Dessin.
—   d'Histoire.
—   de Géographie.

                              5 fois nommé.

4e Maurice GONDRY.

1er *Prix* d'Instruction religieuse.
—   d'Orthographe.
—   d'Analyse.
—   de Grammaire.
—   de Récitation.

                              5 fois nommé.

5e Louis POINDRON.

2e *Prix* d'Arithmétique.
—   de Narration
—   d'Orthographe.
—   de Dessin.

                              4 fois nommé.

6e Pierre CARPENTIER.

2e *Prix* d'Orthographe.
—   d'Écriture.
—   de Calcul.
—   de Géographie.

                              4 fois nommé.

7e Victor HANON.

2e *Prix* d'Orthographe.
—   de Narration.
—   d'Histoire et de Géographie.

                              3 fois nommé.

8e Henri DOMINÉ.

2e *Prix* d'Instruction religieuse.
—   d'Écriture.
—   de Dessin.
—   de Calcul.

                              4 fois nommé.

Deuxième Classe.
1re *Division*.
1er Pierre NOYET.

1er *Prix* d'Arithmétique.
—   de Grammaire et d'Analyse.
—   de Devoirs journaliers.
—   de Bonne conduite.
2e —   de Rédaction.

2e Lucien LAMBRE.

1er *Prix* d'Orthographe.
—   de Rédaction.
—   d'Histoire de France.
2e —   de Lecture.

3e Henri MICHELET.

1er *Prix* de Géographie.
—   d'Exactitude.
2e —   de Grammaire.
—   de Devoirs journaliers.

4e Julien JUILLIART.

1er *Prix* d'Instruction religieuse.
—   d'Ecriture
2e —   d'Arithmétique.
—   d'Exactitude.

5e René CAIZIN.

1er *Prix* de Lecture.
2e —   d'Ecriture.
3e —   d'Orthographe.

6e André LÉGER.

2e *Prix* de Lecture.
—   de Géographie.
—   d'Histoire de France.

7e André GUIGNARD.

2e *Prix* d'Orthographe.
—   d'Histoire de France.
3e —   d'Arithmétique.

8ᵉ Émile GAUVRY.

2ᵉ *Prix* d'Instruction religieuse.
— de Bonne conduite.
3ᵉ — de Lecture.

9ᵉ Paul DROUILLET.

Prix de Calcul.
— de Lecture.

10ᵉ Amédée LESLUIN.

Prix d'Instruction religieuse.
— de Devoirs journaliers.

11ᵉ René DOMINÉ.

Prix de Lecture.
— de Calcul

12ᵉ Georges STANISLAS.

Prix d'Écriture.
— de Calcul.

2ᵉ *Division.*

1ᵉʳ Émile DESSE.

1ᵉʳ *Prix* d'Arithmétique.
— d'Histoire et de Géographie.
— de Bonne conduite
2ᵉ — de Devoirs journaliers.

2ᵉ René BAILLY.

1ᵉʳ *Prix* d'Orthographe.
— de Grammaire et d'Analyse.
2ᵉ — d'Exactitude.
— d'Arithmétique.

3ᵉ Maurice LAMOTTE.

Prix d'Orthographe.
— de Lecture.
— d'Exactitude.

4ᵉ Marcel FONTAINE.

Prix d'Arithmétique.
— d'Écriture.

5ᵉ Henri DINET.

Prix de Lecture.

— de Devoirs journaliers.

6ᵉ Maurice POLEST.

Frix de Récitation.

— de Bonne conduite.

7ᵉ Charles FURCY.

Prix d'Ecriture.

— de Calcul.

8ᵉ Émile CHOLET.

Prix de Lecture.

9ᵉ Jean FORÊT.

Prix de Calcul.

Troisième Classe.
ıre *Division*.

1ᵉʳ Raymond BIBAUT.

1ᵉʳ *Prix* de Notes mensuelles.

— de Calcul.

— d'Histoire de France.

2ᵉ — d'Instruction religieuse.

2ᵉ Edmond LESLUIN.

1ᵉʳ *Prix* de Lecture.

— de Grammaire.

2ᵉ — de Compositions mensuelles.

3ᵉ Léon MICHEL.

1ᵉʳ *Prix* d'Instruction religieuse.

— de Récitation.

2ᵉ — de Calcul.

4ᵉ Henri DROT

1ᵉʳ *Prix* d'Ecriture.

3ᵉ — de Grammaire.

5ᵉ René JUILLIART.

1ᵉʳ *Prix* de Bonne conduite.

2ᵉ — d'Ecriture.

2e Division.

1er Marc PARMENTIER.

1er *Prix* d'Instruction religieuse.
— de Lecture.

2e Maurice NOYET.

1er *Prix* d'Écriture.
2e — de Calcul.

3e Émile NOTTELET.

1er *Prix* de Récitation.
2e — de Lecture.

4e Armand NOEL.

Prix d'Écriture.

5e Édouard FORET.

Prix de Calcul.

3e Division.

1er Jean POINDRON.

1er *Prix* de Lecture.

2e Raymond GAUVRY.

Prix d'Écriture

3e Marcel DOMINÉ.

Prix de Lecture syllabique.

4e Marcel PRUDHOMME.

Prix d'Application.

5e Henri PLATEAU.

Prix d'Écriture.

6e Maurice FURCY.

Prix d'Encouragement.

~~~~~~~~~~~~~~~~
~~~~~~~~~~~~~~~~

EXTERNAT ·SAINT~JOSEPH

Première Classe.

1re Division

1er Clovis AVERLON.

1er *Prix* de Billets mensuels.
—   d'Excellence.
—   d'Instruction religieuse.
—   de Lecture expliquée.
—   de Grammaire et d'Analyse.
—   d'Orthographe.
—   de Rédaction.
—   d'Arithmétique et de Théorie.
—   d'Histoire et dé Géographie
—   de Sciences.
—   de Géométrie et d'Algèbre.
—   d'Ecriture.
—   de Dessin linéaire.
—   de Devoirs journaliers.
—   d'Exactitude, de Gymnastique.
—   de Travail des vacances.
2e —   de Morceaux choisis.

19 fois nommé.

2e Charles LAURENT.

1er *Prix* de Billets d'honneur.
—   d'Excellence.
—   de Lecture.
—   de Morceaux choisis.
—   de Grammaire et d'Analyse.
—   de Rédaction.
2e —   d'Instruction religieuse.
—   d'Orthographe.
—   de Théorie.
—   d'Arithmétique.
—   de Géométrie et d'Algèbre
—   de Sciences.
—   de Devoirs journaliers.
—   d'Exactitude.

14 fois nommé.

2° ex-œquo Gaston RENAULT.

Prix de Billets d'honneur.
— d'Excellence.
1er *Prix* d'Instruction religieuse.
— de Lecture expliquée.
— d'Histoire et de Géographie.
2e — d'Orthographe.
— de Théorie d'Arithmétique.
— d'Arithmétique.
— de Sciences naturelles.
— d'Ecriture.
— de Dessin d'ornement.
— de Devoirs journaliers
— d'Exactitude.
— de Gymnastique.

14 fois nommé.

Prix ex-œquo { Charles SINET,
Gabriel CELET.

4e Charles SINET.

Prix de Billets d'honneur.
1er *Prix* d'Arithmétique.
2) — de Grammaire et d'Analyse.
— de Dessin linéaire.
— de Devoirs journaliers.
— d'Exactitude,
— d'Ecriture.
— de Travail des vacances.

8 fois nommé.

5e Gabriel CELET.

1er *Prix* de Morceaux choisis.
2e — de Lecture expliquée.
— de Grammaire et d'Analyse.
— d'Ecriture.
— de Dessin d'Ornement.
— Dessin linéaire.
— d'Exactitude.
— de Travail des Vacances.

8 fois nommé.

6ᵉ André WOITELLIER.

Prix de Billets d'honneur.

2ᵉ — de Lecture.

— de Morceaux choisis.

— de Grammaire et d'Analyse.

— de Rédaction.

— d'Instruction religieuse.

— d'Exactitude.

7 fois nommé.

2ᵉ *Division*

1ᵉʳ Camille PETIT.

1ʳʳ *Prix* de Billets mensuels.

— d'Excellence.

— d'Instruction religieuse.

— de Lecture expliquée.

— de Morceaux choisis.

— de Grammaire et d'Analyse

— d'Orthographe.

— de Rédaction.

— de Théorie.

— d'Arithmétique.

— d'Histoire et de Géographie.

— d'Exactitude.

2ᵉ — d'Écriture.

— de Devoirs journaliers.   14 fois nommé.

2ᵉ Gustave TASSART.

1ᵉʳ *Prix* de Billets mensuels.

— d'Excellence.

— de Lecture expliquée.

— de Grammaire et d'Analyse.

— de Théorie.

2ᵉ — d'Instruction religieuse.

— de Morceau choisis.

— d'Orthographe.

— de Rédaction.

— d'Arithmétique.

— d'Histoire et de Géographie.

— d'Exactitude.

— de Devoirs journaliers.   13 fois nommé.

3e Paul FRÉTIGNY.

1er *Prix* d'Instruction religieuse.
2° —   d'Excellence.
   —   de Lecture expliquée.
   —   de Morceaux choisis.
   —   d'Orthographe.
   —   d'Arithmétique.
   —   de Théorie.
   —   d'Histoire et de Géographie.
   —   de Sciences
   —   de Travail des vacances

                                        10 fois nommé.

4e Edgard BOUGON.

Prix de Billets mensuels.
   —   d'Orthographe.
   —   de Grammaire et d'Analyse.
   —   de Rédaction.
   —   d'Ecriture
   —   d'Exactitude.
   —   de Devoirs journaliers.
   —   de Travail des vacances.

                                        8 fois nommé.

5e Raoul BOUGON.

1er *Prix* de Dessin linéaire.
   —   de Dessin d'ornement
2e —   de Billets mensuels.
   —   de Grammaire
   —   de Devoirs journaliers
   —   d'Exactitude.
   —   de Travail des vacances.

                                        7 fois nommé.

6e Gaston DESROTOUR.

Prix de Billets mensuels.
2e —   d'Instruction religieuse.
   —   de Grammaire.
   —   d'Analyse.
   —   de Devoirs journaliers.
   —   d'Exactitude.
   —   de Travail des vacances.

                                        7 fois nommé.

7e Maurice CELET.

1er Prix de Grammaire et d'Analyse.
2e — de Morceaux choisis.
— d'Arithmétique.
— d'Exactitude.
— de Travail des vacances.

5 fois nommé.

8e Raymond PIRET.

1er Prix d'Arithmétique.
2e — de Billets mensuels.
— de Dessin d'ornement.
— d'Ecriture.
— d'Exactitude.

5 fois nommé

9e André LECOMTE.

1er Prix d'Ecriture.
— de Dessin d'ornement.
2e — de Billets mensuels.
— de Dessin linéaire

4 fois nommé.

3e Division.

1er Pierre HULOT.

1er Prix de Billets mensuels.
— d'Excellence.
— d'Instruction religieuse.
— de Lecture.
— de Morceaux choisis.
— de Grammaire et d'Analyse.
— d'Orthographe.
— de Rédaction.
— d'Arithmétique.
— d'Histoire et de Géographie.
— d'Ecriture.
— de Devoirs journaliers.
— d'Exactitude.

14 fois nommé.

2° Jean LAISNEY.

1er *Prix* de Billets mensuels
—   de Grammaire et d'Analyse.
—   de Rédaction.
—   d'Arithmétique.
2e —   d'Excellence.
—   d'Instruction religieuse.
—   de Lecture expliquée.
—   de Morceaux choisis
—   d'Orthographe.
—   d'Histoire et de Géographie.
—   d'Exactitude.
—   de Travail des vacances.

12 fois nommé.

3° Marcel MACON.

1er *Prix* Billets mensuels.
2e —   d'Excellence.
—   d'Instruction religieuse.
—   de Lecture expliquée.
—   de Morceaux choisis.
—   de Grammaire et d'Analyse.
—   d'Histoire et de Géographie.
—   de Devoirs journaliers.
—   d'Exactitude.
—   de Travail des vacances.

10 fois nommé.

4° Robert LAISNEY.

Prix de Billets mensuels.
—   d'Instruction religieuse.
—   de Morceaux choisis.
—   de Grammaire et d'Analyse.
—   de Rédaction.
—   d'Écriture.
—   de Devoirs journaliers.

7 fois nommé.

5° Marcel LHUILLIER.

2e *Prix* de Morceaux choisis.
—   de Lecture.
—   d'Analyse.

3 fois nommé.

6e André GAILLARD.

Prix de Lecture.
—   de Grammaire.
—   d'Histoire et de Géographie.

3 fois nommé.

7° Léon MAC-LÉOD.

Cet élève n'ayant pu suivre ses classes d'une façon régulière, un témoignage de satisfaction lui est accordé pour son application au travail et sa bonne conduite.

En souvenir de leur conduite exemplaire et de leur application au travail, un témoignage de satisfaction est accordé à Pierre et à Jacques JOURNEL qui ont dû quitter l'école, avant la fin de l'année, pour commencer leurs études classiques.

Deuxième Classe.

1re *Division*.

1er André MARCHAND.

1er *Prix* de Politesse et de Conduite.
—   d'Arithmétique.
—   de Leçons journalières.
—   de Langue française.
2e —   de Devoirs classiques.

5 fois nommé.

2e Louis CROMER.

1er *Prix* d'Orthographe et d'Analyse.
2e —   d'Arithmétique.
—   d'Écriture.
—   de Composition française.
Accessit d'Histoire et de Géographie.

5 fois nommé.

3ᵉ Raymond COMBER.

1ᵉʳ *Prix* de Récitation.
— d'Écriture.
— d'Instruction religieuse.
— d'Histoire et de Géographie.
2ᵉ — de Devoirs classiques des Vacances.

> 5 fois nommé.

4ᵉ Paul MIRET.

1ᵉʳ *Prix* de devoirs journaliers et de Vacances.
2ᵉ — d'Exactitude.
— de Système métrique.
— d'Instruction religieuse.

> 4 fois nommé.

5ᵒ Jacques MAURIOT.

1ᵉʳ *Prix* de Lecture expliquée.
— de Conduite et de Politesse.
2ᵉ — de Récitation.
— de Composition française.

> 4 fois nommé.

6ᵒ Lionel DE FRANCHESSIN.

1ᵉʳ *Prix* de Calcul.
2ᵉ — de Récitation.
— d'Exactitude.
Accessit des Devoirs de Vacances.

> 4 fois nommé.

7ᵉ Abel BOUGON.

2ᵉ *Prix* de Lecture.
— d'Application.
— de Conduite.

> 3 fois nommé.

8ᵉ Robert DE FRANCHESSIN.

Prix de Récitation.
— d'Ortographe.
— d'Histoire et de Géographie.

3 fois nommé.

9ᵉ Ernest DANJOU.

Prix d'Ecriture.
— d'Ordre et de Propreté.
Accessit de Système métrique.

3 fois nommé.

2ᵉ *Division.*

1ᵉʳ Emile QUINT.

1ᵉʳ Prix de Récitation.
— de Lecture.
2ᵉ — de Calcul.
— d'Exercice de Français.
1ᵉʳ — de Catéchisme et d'Exactitude.

5 fois nommé.

2ᵉ Lucien MIRET.

1ᵉʳ Prix de bonne Conduite.
— d'Application.
— de Calcul.
2ᵉ — de Lecture.

4 fois nommé.

3ᵉ André CROMER.

1ᵉʳ Prix d'Ortographe.
— d'Ecriture.
2ᵉ — de Calcul.

3 fois nommé.

4ᵉ Robert LEFÈVRE.

1ᵉʳ Prix d'Exactitude.
2ᵉ — d'Ecriture.
— de bonne Conduite.

3 fois nommé.

5e. André LAURENT.

1er *Prix* d'Exactitude.
2e — de Lecture.
Accessit de Français.

                3 fois nommé.

6e. Jacques BOURÉ

Prix de bonne Conduite.
  — d'Application et de Politesse.

                2 fois nommé.

7e LEGRAND

Prix de Calcul.

                1 fois nommé.

8e. Bernard COMBET.

Prix de Lecture.

                1 fois nommé.

9e François HULOT.

Prix de Lecture.

                1 fois nommé.

PRIX AUX ENFANTS DE LA MAITRISE

1er *Prix* {	André Carpentier.
	Louis Poindron.
	André Toulouze.
2e *Prix* {	Maurice Gondry.
	Georges Lamotte.
	André Gerbore.

CERTIFICATS D'ÉTUDES

Une somme de 30 fr. due pour moitié, à la générosité de M. l'Archiprêtre Marlier et de M. le Chanoine Ply, a été mise à la disposition du Frère Directeur pour être répartie en livret de Caisse d'épargne et Prix.

Ces récompenses sont décernées aux élèves :

André Jérome.
André Carpentier.
André Toulouze.
Marcel Leblond.
Camille Petit.
Gustave Tassart.

La rentrée des Classes gratuites et de l'Externat de Saint-Joseph est fixée au LUNDI 2 OCTOBRE à 8 heures du matin.

LAON. — Imprimerie du *Journal de l'Aisne*, 22, rue Sérurier.

Documents manquants (pages, cahiers...)

NF Z 43-120-13